先生は
教えてくれない!

クレヨンしんちゃんの

自分の気持ちを伝えよう!

キャラクター原作
臼井儀人
まんが
高田ミレイ

双葉社

はじめに

お父さん、お母さんへ

お子さんといっしょに楽しんでください。

本書は、小学生や小学校に上がる前の児童を対象に、いま身に着けておきたい大切な事柄を、クレヨンしんちゃんのまんがを通して学んでいくものです。学校の先生も教えてくれない、もちろん教科書にも載っていないことを、このまんがを読むことで自然に習得していきます。

今回のテーマは「自分の気持ちを伝える」。

コミュニケーション能力は、多くの親が我が子に身に着けてほしいと望むスキルでしょう。けれど、人とうまく対話し意思疎通を図ることは、大人でも難しいことです。

コミュニケーション能力を高めるためには、自分の気持ちと他人の気持ちのどちらも尊重する精神を学ばなければなりません。この本ではまず、自分の気持ちに気づき、自分の気持ちを伝えることに重点をおきました。

自分らしく伝える方法や、知っておくとストレスなく話せる会話のコツやルールなどをたくさん紹介しています。

自分の気持ちをうまく伝えられるようになると、自分を大切にする「自尊心」「自己肯定感」が芽生えます。また、自分の考えや感情を言葉で整理する「論理的思考」が身についてきます。するとしだいに自信がついて、相手の気持ちになって想像することもできるようになるのです。友だちとのやりとりもスムーズにいき、学校生活もぐんと楽しくなるはずです。

ぜひこのまんがを親子で読んで、ご家庭での会話にも役立ててください。

紹介

野原一家

野原 しんのすけ

「クレヨンしんちゃん」の主人公。マイペースでこわいもの知らずの5歳児。家族といっしょに埼玉県春日部市に暮らしている。

野原 ひろし

しんのすけのパパ。双葉商事に勤務するサラリーマン。家族のためにいつも一生懸命な野原家の大黒柱。

野原 みさえ

しんのすけのママ。しんのすけとひまわりに振り回されながらも、持ち前のガッツで子育てと家事をがんばるお母さん。

野原 ひまわり

しんのすけの妹。まだおしゃべりはできないけど、赤ちゃん言葉でせいいっぱい自己主張する。

シロ

野原家の愛犬。綿菓子のように丸くなる「わたあめ」など芸もいろいろできる、とてもかしこい犬。

キャラクター

しんちゃんのお友だちと先生

しんちゃんと同じアクション幼稚園ひまわり組に通うお友だちと先生たち。

マサオくん

小心者で、ちょっぴり泣き虫。まんが家になる夢を持ち続けるという努力家の一面も。お片づけが得意。

ネネちゃん

うわさ話とおままごと遊びが大好きな女の子。でも本当は正義感が強く、度胸もある親分タイプ。

風間くん

頼りになる優等生タイプだけど、じつは甘えっ子でママが大好き。隠しているけど、少女アニメのファン。

園長先生

アクション幼稚園の園長。「組長」と呼ばれることも。こわい顔が悩み。

よしなが先生

やさしくて、ときどききびしい。しんちゃんたち、ひまわり組担任の先生。

ボーちゃん

口数は少ないけど、たまに深いひと言をつぶやく存在感のあるお友だち。珍しい石を集めるのが趣味。

もくじ

お父さん、お母さんへ 2
キャラクター紹介 4

会話の前に

1 一日は、家族への「おはよう」から始めよう 10
2 自分の「元気！」を笑顔やサインで伝えよう 12
3 話すときは、相手の目を見て話そう 14
4 おいしいときは「おいしい！」。リアクション王をめざそう 16
5 「ありがとう」は魔法の言葉。忘れずに伝えよう 18
6 「なるほどね」「へー、そうなんだ」で友だちの話を受けとめよう 22

コラム
楽しい気持ちを伝える 元気サイン 24
言われてうれしい 「いいね」の言葉 25

最初のひと言

7 仲間に入りたいときは、自分の存在をアピールしよう！ 26
8 「ゴメン！」「いいよ」と小さな言葉をかけ合おう 28
9 相手の話がとぎれない…どうやって切り出そう!? 30
10 知らないこと、わからないことは、すぐにその場で質問しよう 32

11 近所の人に会ったとき、なんて言う？ 34
12 はじめての人と会うとき何を話したらいい？ 36
13 知っている人が近くにいないとき、誰にどうやって頼む？ 38
14 自分の頼んだものと違うとき「これじゃない」と言えるかな 42
15 外国語がわからなくても会話にチャレンジしてみよう 44

説明できるかな？

16 主語をつけて話すトレーニングをしよう 46
17 長い説明をするときは先に結論を伝えて、それから話し始めよう 48
18 自分の話に優先順位をつけて、大事な順に話してみよう 50
19 「ヤバイ」ですませずに別の言葉で説明しよう 52
20 「別に」「わかんない」はやめて、ひとつだけ報告しよう 54
21 ほしいものをお願いするときは「理由」「いつ使うか」を伝える 56
22 会話はキャッチボール。関係あることをつなげて言おう 60
23 「○○らしいよ」は危険な言い方。事実と、想像・意見を混ぜて話さない 62
24 遠慮せず反対意見を言おう。自分と違う意見を歓迎しよう 64

25 会話は勝ち負けじゃない。相手の意見を聞いて受け入れよう 66

言葉で心を伝える

26 クラスメートと仲よくなりたい！ その気持ち、どうやって伝える？ 70
27 「くやしい！」「ショック！」自分の感情を言葉で表現してみよう 72
28 仲よくしたいのにちょっかいを出してしまう 74
29 うれしくないプレゼント。本心を言っていいのかな？ 76
30 手紙、電子メールなどのメッセージに、汚い言葉や悪口を書かない 78
31 仲よしの友だちに文句を言いたい。でも嫌われたくない… 80
32 病気でつらそうなおばあちゃん。なんて言ってあげたらいい？ 82
33 「疲れた」「どうせ私は」が口癖のきみ。誰かに本当の気持ちを話してみよう 86
34 相手に不満をぶつけるのではなく、自分の希望を伝えよう 88
35 苦手なこと、気にしている体のこと。相手がいやがることは、話さない 90
36 相手の存在を否定する言葉は、どんなときでも絶対に使わない 92

コラム

否定を避けて受け入れる　あいづち言葉 94
心から言いたい　あやまる言葉 95

勇気を持とう

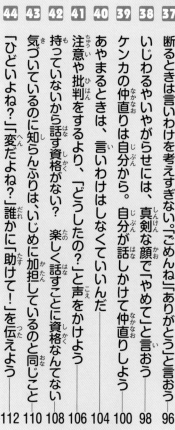

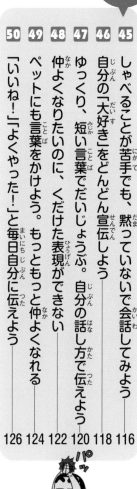

37 断るときは言いわけを考えすぎない。「ごめんね」「ありがとう」と言おう――96
38 いじわるやいやがらせには、真剣な顔で「やめて」と言おう――98
39 ケンカの仲直りは自分から。自分が話しかけて仲直りしよう――100
40 あやまるときは、言いわけはしなくていいんだ――104
41 注意や批判をするより、「どうしたの？」と声をかけよう――106
42 持っていないから話す資格がない？ 楽しく話すことに資格なんてない――108
43 気づいているのに知らんぷりは、いじめに加担しているのと同じこと――110
44 「ひどいよね？」「変だよね？」誰かに「助けて！」を伝えよう――112

自分らしく伝える

45 しゃべることが苦手でも、黙っていないで会話してみよう――116
46 自分の「大好き」をどんどん宣伝しよう――118
47 ゆっくり、短い言葉でだいじょうぶ。自分の話し方で伝えよう――120
48 仲よくなりたいのに、くだけた表現ができない――122
49 ペットにも言葉をかけよう。もっともっと仲よくなれる――124
50 「いいね！」「よくやった！」と毎日自分に伝えよう――126

パ
ッ
パ
ッ

会話の前に

1 一日は、家族への「おはよう」から始めよう

朝起きたら、いちばん最初にやることと。家族に「おはよう！」と言おう。自分の元気な気持ちを伝えよう。恥ずかしがっていてはいけないよ。

寝ぼけているし、宿題をやっていないのに気づいてちょっとゆううつ。それでも思い切って大きな声で、「おはよう！」って言ってみよう。

ほら、「さぁ、今日もがんばろう」と、やる気が出てくる。

あいさつすると、不思議と自分の気持ちに区切りがつく。声を出したことで気持ちをきりかえて、さっと次の行動にうつることができる。

そうなんだ。あいさつって、自分への声がけにもなるんだ。

自分の気持ちを伝える練習は、朝の「おはよう！」のあいさつから。

世界中、あいさつしない民族はいない。あいさつは会話の第一歩だよ。

マナー

あ
しんちゃん おはよう

ん? こらっ
「おはよう」は?
す

んも~! おくひに入ってるろり~
もぐ もぐ
ああ! だからしゃべれないのね……

っておはようの前につまみ食いかい!!
それほどでも~
いや~
ほめてない!!

おはよう

朝起きたらまず家族に「おはよう」!
わかった?
ほい

シロにも?
ん? ああそうね……

動物だってあいさつするもんね
ほう ほう

犬のあいさつ↓
クン クン
口で言えばいいから!

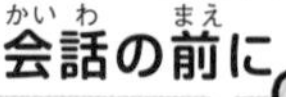
会話の前に

2

自分の「元気！」を笑顔やサインで伝えよう

黙っていただけなのに、「怒ってる？」と聞かれたことはない？　ムスッとしている顔の人はこわいし、だれも話しかけたくないよ。

友だちがそばに来たら、なにも言うことがなくても、にこにこ笑ったり、鼻歌を歌ったり、「よーっ！」と手をふったりして、今のきみが元気で前向きだということを伝えようよ。

ピースサインや合言葉など、元気なときに友だち同士で交わすサインを決めておくのも楽しいよ。友だちに元気サインを送りたくて、いやな気持ちを吹き飛ばせることもある。

ちょっとくらい昨日転んだところが痛くたって、友だちに向けて、笑顔でVサインを出してみよう。

ほら、友だちの笑顔が返って来た。

きみもどんどん楽しい気持ちになってきたよね。

ふたりのサイン

!
お!ボーちゃんだ!
ボーちゃーん

くるくる
ペシッ
くいっくいっ

ボ
じゃ!
「元気だよ」って言ったの?

ううん「朝から快便でうれしい」って言ったの
そんな複雑なサインなの!?

声をかけづらい

いった~クツずれできちゃった……
ムカツク~

はあ~あ…

ブツブツ
やんなっちゃう…
す

なんで避けるのよ!?
ほっといてほしいのかと思って……

3 話すときは相手の目を見て話そう

人に話すときには、「聞いてください」という気持ちを示そう。相手の目を見て、体もおへそを相手のほうに向けること。

長い時間話しているときは、ときどき首元のあたりに少し視線をずらしたりしよう。

最初は目を合わせるのが恥ずかしくても、がんばって。目を合わせないで話したら、話している内容を信頼してもらえないよ。

人の話を聞くときも、同じように、相手の目を見て、体も相手のほうを向こう。話をちゃんと聞いているよ、と示すことが大事だよ。

相手の目を見て話すことって、最初はけっこうむずかしい。

でも心がけていれば平気になる。いつのまにか自然にできるようになるから、少しずつ慣れていこう！

目を見て話そう

まぁものしり
ですのね！
えへへ……

何よみんな
あいちゃんに
デレデレして
あの子は
聞き上手
だからね～

あいちゃんて相手の
目を見て話して
くれるから
話してて
楽しくなるんだよ

そうですか
ハイハイ！
そういうとこ
なんだよな～

聞いてる？

あのさ…
しんちゃん
相談が
あるんだ
けど……
なに？
何でも
聞くゾ！

どうしたら
あいちゃんに
好かれると
思う？

え？

ボクもしんちゃん
みたいに好かれたい
んだ……

もういいよ
じゃあね
え～なんで!?
聞いてるのに

4

おいしいときは「おいしい!」リアクション王をめざそう

家での食事や給食のときに「おいしい」「うまい!」と言っている?

おいしいときに「おいしい」と言うと、幸せな気分になるんだ!

「おいしい!」と言われたら、一生懸命料理してくれた人もうれしい。それに、いっしょに食べている人も楽しい気分になる。

テレビのグルメ番組では、タレントさんがおいしそうに「うまい!」「おいしい!」と言っているよね。元気なリアクション(反応や応答)で感想を伝えるのが上手なタレントさんは大人気。きみもリアクション王をめざしてみよう!

食べ物だけじゃないよ。友だちの話に「おもしろい!」、きれいな花を見て「きれい!」。そんなふうに、きみの感想を素直に声に出してどんどん周りに伝えよう。

言わなきゃ伝わらない

もぐ
もぐ
こりゃ最高傑作だわ…!!

お! トンカツか〜
いただきまーす
フフ…食べて驚け!!

もぐ
もぐ
ごっそさん
なんだ…ふつうか…

ならもう出来あいのやつでいいや……
ジャー
うまかった〜!! また食いたいな
くった
くった

無理はしないで

ごはんよー
マサオくんもどうぞ!
ハイ! いただきます!!

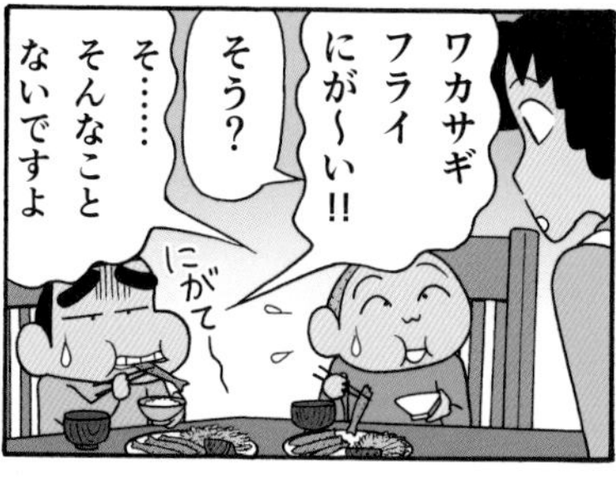
ワカサギフライにが〜い!!
そう?
にがて〜
そ…そんなことないですよ

すごくおいしいです!!
本当は苦手だけど
そう!? よかったー♪

作りすぎたの! 持って帰ってね
どっさり
ハイ…
しまった…

会話の前に

5 「ありがとう」は魔法の言葉 忘れずに伝えよう

親切にしてくれた友だちに「ありがとう」。お弁当を作ってくれた家族にも「ありがとう」。

遠くに住んでいるおばあちゃんから贈り物が届いたら、すぐに電話して、「ありがとう」ときみの声を届けよう。

周りの人に、感謝の気持ちを伝えよう。お礼を言うのを忘れていたら、思い出したとき、いつでも、「ありがとう！」と伝えよう。だって、「ありがとう」は何回言われてもうれしいもの。

感謝の気持ちを伝えたいときって、何かプレゼントを用意しなくちゃと思いがち。でも、人はだれでも、物がほしくて人に親切にするわけじゃない。

ほしいのは、「ありがとう」の言葉なんだ。にこにこ笑顔で、「ありがとう、うれしかったんだ」と伝えよう。「ありがとう」は人と人をつなぐ魔法の言葉。何度でも伝えよう。

親しき仲にも礼儀あり

ハイこれ しんちゃんの 洗たく物
ごくろう
えらそうに 言わないの！
いやあ〜 それほどでも
ほめてません！
ピンポーン おとどけもので一す！
あっハーイ

しんちゃん 九州の おばあちゃんから 誕生日プレゼント！
おおっ!! やったー♪
ほおお…… お菓子が ギッシリ ……!!
電話して 「ありがとう」って 言いなさいねー

もしもし おばあちゃん？
プレゼント ありがとう
かかって ないけど
バレたか…

母ちゃんからお礼 言っといてよ〜！
しんちゃんから 直接言ったほうが 喜んでくれるよ！
じゃママが かけるから 後で代わって
ピッピッ
……

←つづく

あ！　母さん？　うん
しんのすけに代わるね
ハイ！
アリが
父さん
ハチが
母さん
怒ると
さすわよ
チクッ

コラッちゃんと
言えー!!
ぴゅー
だいじょうぶ！
ちゃんと
伝わったばい
次の日
マングースマンション

行けー!!
ぬかれないゾー！

トオルちゃん
おやつよ～
ありがとう
ママ！
あっ
カチャ

「ありがとうママ」
だって！
ププッ
何だよ！
ふつうだろ

「親しき仲にも礼儀
あり」って言うだろ
家族にも
ありがとう
って言った
ほうがいい
んだぞ！
え～っ
はずかしーい

何度か言えば慣れるよ

ポッ
母ちゃんいつもありがとう

おお～っ!!
カ～～ッ
これはむずかしいゾ

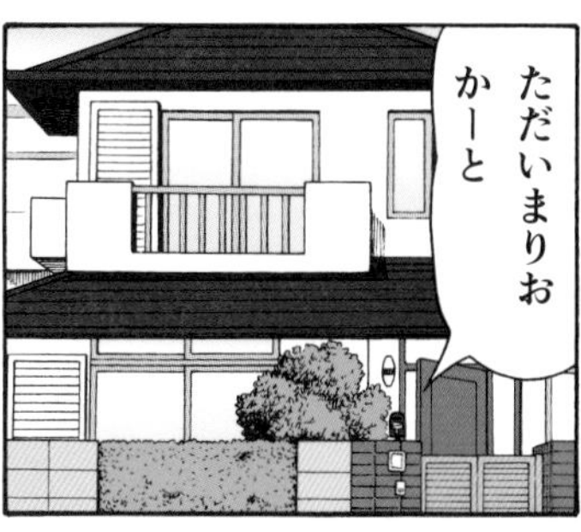
ただいまりおかーと

今夜はハンバーグカレーよ
うおおっ!!
やったー!!

パクパク…
♪

ごちそうさまー
ジャ～
ハーイ

ん?

ふふ…どういたしまして!
かあちゃん
いつも
ありがとう

6

「なるほどね」「へー、そうなんだ」で友だちの話を受けとめよう

友だちの話は、「あいづち」をちゃんとうちながら聞こう。

「うんうん」「なるほどねー」と言ってもらえると、話している友だちはとっても安心する。

聞いてくれているんだな、自分に共感してくれているなと思うんだ。ふたりの間に信頼関係が生まれるよ。

花を見て、「きれいだね〜」と言っている友だちには「ほんとだね」「ね〜」と言って同意しよう。それだけでも、ふたりでハッピーな気持ちになる。悲しい気持ちのときだって、話を聞いて「そうなんだ」と言ってもらえるだけで、なぐさめられる気がする。

納得できない話でも、「へ〜、そうなんだ」と話を一度受けとめて、質問はその後にしてみよう。

人の話は、まず受けとめよう。会話はそこから始まるよ。

行ったことないもので

わぁ〜
きれいな
夕日！

風間くんも
見て！
ホントだ！
きれいだねー

ハワイやプーケット
で見た夕日もきれい
だったけど
やっぱりカスカベの
夕日が一番だね！

ね！
マサオくんも
そう思わ
ない？
ん？
うーん
……？
きれいだよ
ね！ ね!?
？

なぐさめ方に注意

ん？ ボーちゃん
どうかした？
お気に入り
の石を
なくしたん
だって…

まあまあ
石ぐらい
いくらでも
また
見つかるよ
石ぐらい・・・
!?

あんな石は
あれ一つ
だけ!!
だよね
！！
「石ぐらい」
だなんて
失礼だよ！
スクッ

行こ！
ボーちゃん
ボ！
なぐさめ方って
むずかし〜!!

すぐに使える！こんなセリフ&ジェスチャー

楽しい気持ちを伝える 元気サイン

学校に行ったら、友だちと元気サインを出し合って、楽しい気分を盛り上げよう。自分のお気に入りサインを決めておくと楽しいよ。

Vサイン（ピースサイン）
筋肉モリモリのポーズ
笑顔
よ
ヘーイ！
手を上げる
ハーイ
スキップ
やあ
ガッツポーズ
互いにハイタッチ
イエーイ！
ヤッホー
手をふる
好きな歌を歌う
オッス
握手を求める
よっしゃあ
自分の得意なポーズ
ヒーローのポーズ
ワッハッハ……
ルンルン

すぐに使える！ こんなセリフ

言われてうれしい「いいね」の言葉

「いいね！」「おもしろい！」「すごい！」同意を伝えるリアクションをしよう。どんどん会話することがおもしろくなっていくよ。

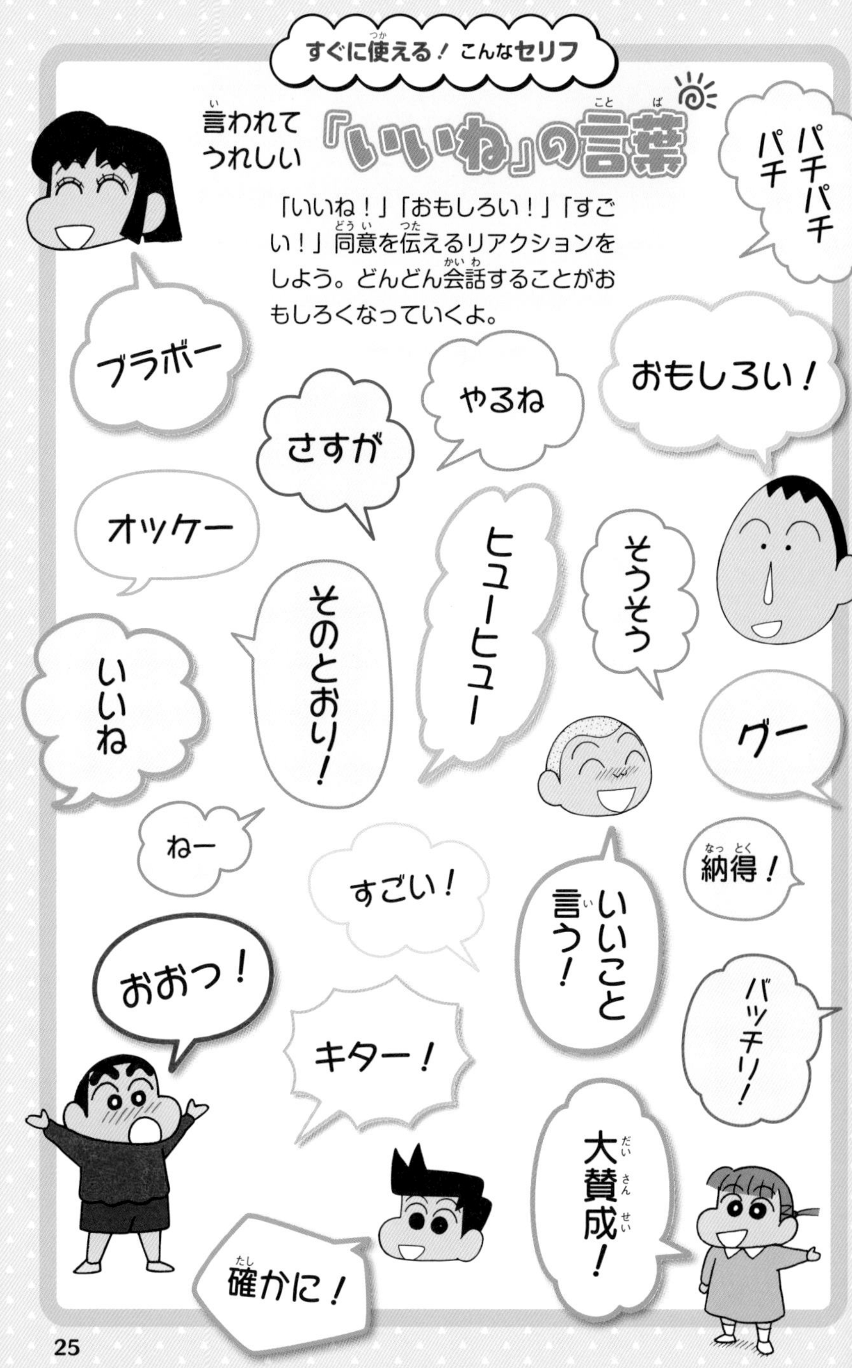

パチパチ
パチ
ブラボー
やるね
おもしろい！
さすが
オッケー
ヒューヒュー
そうそう
そのとおり！
いいね
グー
ねー
すごい！
納得！
いいこと
言う！
おおっ！
キター！
バッチリ！
大賛成！
確かに！

最初のひと言

7

仲間に入りたいときは自分の存在をアピールしよう！

クラスの人たちが何人かで集まって、楽しそうにしている。仲間に入りたいなと思ったときは、思いきって声をかけてみよう。

みんなが遊びに夢中で、きみに気づいていない場合があるから、まずは「おーい！」「楽しそうだね！」と大きな声を出したり、手を振ったりして、きみがいることをアピールするんだ！

みんながきみに気づいたら、えいっと勇気を出して「何やってるの？ 入れて！」と声をかけよう。

断わられたって平気。きみが悪いわけじゃない。「えーっ、じゃ、またね！」と言えばいい。ダメもとだよ。

きみがグループで遊んでいて、仲間に入りたがっている子に気づいたら、知らんぷりしないで「いっしょにやろうよ」とさそってみよう。

仲間は大勢いたほうが楽しいよ。

素直になろうよ

ケン　ケン…

パシャッ
!

タタタ…
だれだー!?
水風船
なげたのー!?

ボクも仲間に入れて
くればいいのに……
嫌がらせは逆効果

勇気を出そう

ハイ
ポーン

タタタ…
オラも入れて~

いいよー
ムサオくんも？　入る？
う…うん
入れて!!

もっと早く言えばいいのに
いや~
ハハハ
ポーン

8

「ゴメン！」「いいよ」と小さな言葉をかけ合おう

だれかにぶつかったとき、うっかりまちがって迷惑をかけたとき。

「ごめんね」「わるい！」

さっとそんな言葉が言えると、トラブルが大きくならずにすむ。

何も言わずになかったことにするのはよくない。すぐに、「ゴメン！」とひと言言えばいいだけなんだ。

相手も「いいよ」「平気だよ」と返してくれるよ。

人は他人に迷惑をかけずに生きていくことなんてできない。だから、小さな迷惑をかけてしまったときに、「ゴメン」「いいよ」と声をかけあい、助け合いながら暮らしているんだ。お互いさまだよ。

トラブルがあってはじめて、仲よくなれることだってある。

小さな言葉「ゴメン」「いいよ」「平気だよ」など声をかけ合っていこう。

ひと言ですむのに

よ
遅い!! 10分も遅刻だぞ!!

「よ」じゃなくて!!
何か言うべきことあるだろ!
何て?

遅れてゴメン
これからは気をつけろよ
ハ…ハイ

違う!! おまえが言うの!!
んも～わがままだなぁ
いつまで続くの? これ……

気持ちをこめてね

ピンポーーン
マサオくーーん あーそーぼーー!!
え～っ!?

今日はドジマ園に行くからダメって…
そうだっけ? ゴメン
じゃいっしょにしんちゃんも行く?

いやぁゴメンゴメン
くる
くる
くる
くる

おみやげまで買ってもらってゴメンゴメン
本当は悪いと思ってないでしょ
……

相手の話がとぎれない…どうやって切り出そう!?

先生が熱心にしゃべっている授業中、トイレに行きたくなった！　そんなとき、どうする!?

なかなか声を出して「トイレに行きたい」とは言い出せないものだよね。

そんなときは、黙ってそっと手をあげてみよう。

友だちが一生懸命しゃべっているから、「もう帰らなきゃ」と言い出せない。そんなときは、手を合わせて「お願い！」とポーズをとって、こちらに注意を向けてもらおう。

「何？」と話が途切れたら、「じつは」と切り出そう。

ちゃんと話を聞かなければと思うと、言い出せないときってあるよね。でも、約束の時間があるときや、体調が悪いときは遠慮していたらいけない。

まずは身振りで気づいてもらおう。その後なら言い出しやすいよ。

勇者しんちゃん

ぞうきんの縫い方はこうやって……

ばっ
せんせー
オラ
おトイレ!!
ヤダー
くすくす…

ハイ どうぞ!
授業中でも トイレは行っていいのよ
ざわ ざわ…

じゃ…
じゃあ…
危なかったわね……
ぞろ
ぞろ

帰れたけれど

でねー
じいちゃんが……
うん
うん
どうしよう
帰りたい…

でさー……
お?
ゴメン!

ハエのまね
?
スリ
スリ
…じゃなくて!!

お昼がピザと聞いて…
ごっちゃんです!
ボクの分が減る~
ピザ

10

知らないこと、わからないことはすぐにその場で質問しよう

先生が説明してくれた明日の持ち物。先生が言った言葉の意味がよくわからなかったら、すぐに手を上げて、「それは何ですか？ もう一回教えてください！」と聞いてみよう。

後でだれかに教えてもらおうと思っていたら、みんなわからなかった、ということ、よくあるよ。

わからないこと、物を知らないことは、悪いことでもなんでもない。

どんどん周りの人に質問しよう。「教えてください！」と言うと、熱心に教えてくれる人が多い。インターネットよりいろんなことを学べるよ。

質問できるって、「自分が何をわかっていないかをちゃんと理解していて、それを人に伝えられる」ってこと。

これって、実はけっこうすごいことなんだ！

質問力をみがこう。

だれか聞こうよ

風間くんの英語塾
I have a pen.
had

ん？ 今言ったアイデンティティーって何だろ？
どうしよ…先に進んじゃう…

ボクだけ知らなかったらはずかしいな
後で誰かに聞こうっと…

授業後
えーっ!? 誰もわかんないの!?

先生のためでもある

今日はクラスを六つのグループに分けまーす

まずは二つに分かれるよ

となりの人とジャンケンして勝ちの人は窓側に行きます
ここまでで質問ある人？
ほい

グレープフルーツはいつ食べるの？
ガク
グループとグレープフルーツは違います…

えっ 違うの!?
数人の集まりのことさ
もっとわかりやすく説明しなきゃ…反省

最初のひと言

11

近所の人に会ったとき なんて言う？

ひとりでいるときに近所の人に会ったら……。あいさつするのはちょっと恥ずかしいし、少し勇気がいる。

でも、顔を知っている人なら「おはようございます」「こんにちは！」と元気に言おう。

家族があいさつしているときに、自分も必ずあいさつして、ふだんからご近所の人との会話に慣れておこう。

ひとりのときは、いろいろ話しかけられたら無理につきあわず、「失礼します」とその場をはなれていいよ。常識的な人は、子どもを引き留めない。

近所の人と顔見知りになれば、行き帰りも見守ってくれるし、困ったときには助けてくれる。

あいさつの多い町では犯罪が少ないと言われている。ふだんからどんどんあいさつして、近所の人をみんな知っている人にしておこう。

それはやりすぎ

ゴミ

風間くん近所の人にあいさつしないの?
えっ…だってしたことないし…

オラはしてるゾ!一度すれば慣れるゾ
おまえはすごいなぁ…

通りすがりの人にもあいさつするしな~
おねいさ~ん ミソは白と赤どっちが好き?

犬のおかげ

マングース マンション

かわいいね~うちのマンションの子?

あっ…
アン!アン!
そうだよー

きみもここの子だよね?
あ…ハイ!こんにちは
……
はじめの一歩です

12 はじめての人と会うとき何を話したらいい？

やってきたばかりの転校生や、市の合同音楽会でとなりに座った別の学校の人。

はじめての人とは緊張するし、知らない人ってみんな自分よりすごい人に思えてドキドキしてしまうもの。

でも、こわがることなんかない。だって、相手だって、きみははじめて会う人。勇気を出して、ひと言、話しかけてみよう。

「どこの小学校から来たの？」

そんなひと言でいいんだ。

思い切ってえいやっ！　と話しかけてしまえば、気持ちはラクになる。

そうなんだ！　こういう場面では、最初に声をかけちゃったほうが気分がいい。

はじめての人に話しかけるチャレンジを3回もすれば、ドキドキはワクワクに変わってくるよ。

話してみるもんだ

公園
知らない子が使ってる……
ボクらが遊ぼうと思ったのに…

どっか行ってくれないかなぁ……
別の公園行く？
タタッ

あっ……！しんのすけ
やばいよひとりで…危ないよ

おーい!!いっしょに遊ぼうってさー
いい人たちみたいだ
そうだね…

あいちゃんの場合

転入してきたときの話
どうぞよろしく
ニコッ
ひゃっ

暑いですわねェ
ぱたぱた
かしてっ
ボクがあおいであげるよ!!

ワッチャネイム？（お名前は？）
なんでボクが英語わかるって知ってるの？

机の上にテキストがありましたもの
え～見てたの？
すごい社交的…!!

最初のひと言

13

知っている人が近くにいないとき誰にどうやって頼む？

たいへんだ、どこかに定期を落としちゃった！　そんなとき、周囲の人に助けを求めることができるかな。携帯電話などで家族に連絡をとっても、お父さんやお母さんは仕事中だったりして、すぐにきみを助けにいけないことが多いはず。

町の中にひとりでいて困ったときには、「すみません！」と声を出して助けを求めよう。その言葉で駅員さんやお店の人が振り向いてくれる。「乗るときには持っていたので、電車に落としてしまったみたいです」と言えば、駅員さんがすぐ探してくれる。

レストランなどに家族といっしょにお出かけしているとき。自分の注文やお願いは、「すみません！」「お願いします！」とお店の人に自分で伝えて、知らない人に声をかける練習をしておこう。いざというときに声が出せるよ。

風間(かざま)くんのスイカ

ガタンゴトン
ガタンゴトーン

カスカベーカスカベでございます

あれ……!? 定期入れがない!! ここにつけてたのに……

どうしよう……
タダのりでタイホする!!
ガシッ

そうだ! ママに電話を……

プルルルルル…
ダメだ出ない移動してるのかな…

お!
プルルルル……

カチャ
もしもしかめよ♪
しんのすけか!? ボクだよトオルだよ!!

おお! 風間くんどしたの?

スイカを落として駅から出られないんだ!

↑つづく

あーあ オラも食べたかった
定期券のスイカだよ!! 誰か大人を連れて来て!!

わかった すぐ行くゾ! 防衛隊だもん
よかった…

しばらくして……
母ちゃん出かけてるから マサオくん連れて来た
子どもだけでどうすんだよ~!!

下をはって来れば出られるゾ
ムリだよ~

駅員さんが見てるだろ
ホントだ

じゃオラたちで駅員さんの気を引くから そのすきに出て来て
えっ
だいじょうぶかなあ……

ど~も~! 子ども漫才でーす!!
?

あれ? マサオくん頭にノリがついてないよ 忘れたの?
もう! ボクはおにぎりじゃないってば!
ビシッ
何だ…?

今だ!
そーか! 頭にタコがのってないんだ!
さっ
スシでもないから…

トオルー！トオルじゃねー!!
！

おーひさしぶり
は
はいっ
スクッ

キンコーン♪
ムッ!?
しまった!!

そこのボクこっち来なさい!!
……は〜い…

タダ乗りはダメだよー！
あ〜あ……
……

名前と住所と電話番号は？
風間トオルカスカベ市の…

風間くんつかまるの？スイカ落としただけなのに…
えっそうなの？

スイカに名前書いてある？
ハイ
何駅から乗ったの？

早く言ってくれればいいのに…その駅に問い合わせてみるね
……

スイカは結局見つからなかったけど次の日には再発行されました
なくしたらすぐ駅員さんに言おう！

14

自分の頼んだものと違うとき「これじゃない」と言えるかな

アイスクリーム屋さんで、自分が頼んだのと違うのが来た。そんなとき、「ぼくが頼んだのはこれじゃありません」と言えるかな。

店員さんがまちがったのに、言いづらくて、自分がガマンすればいいことかな、と思ってしまうことがある。

でも、別のを食べたかったのに、と店員さんをうらんでしまうのなら、ガマンはけっして〝いいこと〟じゃない。

「これじゃありません、自分が頼んだのはこれです」とはっきり自分の希望を伝えて、取り替えてもらおう。

ちょっとめんどうでもがんばって。

店員さんだってきみが心から満足してくれたほうがいいに決まっている。

それでどちらも最後は「よかったね！」になる。

言いにくいけど、勇気を出して、やり直してもらおうよ！

お店もかわいそう

チョコチップマロン
ひとつください！
はーい

ハイ
どうぞ～
あれ？
違う？

ま…いっか
チョコミントでも
ありがとう
ございましたー

……
ペロ
ペロ
↖つづく

↙つづき
やっぱチョコ
チップマロン
がよかった
風間くん！
どうしたの
？

じつは……
ほう
ほう
え～
ひどーい
!!

次の日
え～
やだ～
どこの店～？
さらに噂が広まる

ここだよ
ヒソ
ヒソ…
ひどいね～…
まさか悪い噂が
流れてる～!?

最初のひと言

15

外国語がわからなくても会話にチャレンジしてみよう

言葉が通じない外国の人とは、お話はできない、と会話をあきらめてしまいがち。

でも、英語の「ハロー」や「サンキュー」ぐらいはわかるよね。それだけでもなんとなく話がわかり、心が通じて友だちになれることがある。

会話って、言葉だけじゃない。

指で示したり、体を使って身振り手振りしたり。顔の表情や、声色といって声のトーンや雰囲気もあるし、歌や絵で表現することだってできる。

伝えたいという気持ちを持って、積極的に表現すれば、単語や文法などがわからなくても、気持ちが伝わるものなんだ。

外国の人と会う機会があったら、思い切って話しかけてみよう。

楽しい経験になるし、外国語を勉強したい気持ちになるよ!

ロベルトくん

あ！外国人がしんのすけに……

しょうがないな～
ここはボクの出番かな？

ワッハッハッハッハッ
えっ!?

しんのすけ英語しゃべれるのか！
え？ううん何となく
↖つづく

↙つづき
となりのおばさんの甥の（ロ）ベルトくんだゾ
なんだ～知り合いか

チンノスケの友だちかい？
お友だちの風間くんだゾ
こんにちは！

※横書きは英語だゾ

おお！
BURI
BURI
BURI
……

日本のあいさつ上手にできたかな？
ベリグーうどんの具ーー！
ウソを教えるなよ!!

16

主語をつけて話すトレーニングをしよう

「やっぱりうまいね」「うん、このカレーはうまいね」「ちがうよ、羽生選手のジャンプのことだよ」。

こんなふうに、主語を取り違えてとんちんかんな会話になったことはないかな。

主語は、「だれ（何）がどうした」「だれ（何）はどうした」の「だれ（何）」にあたる大事な言葉。

「主語」がないまま話し出されてしまうと、聞いているほうは何の話かをイメージできない。「えっ？　何の話？」となってしまってとても困る。

主語を省略するのは不親切だよ。

どうして自分の話はみんなに理解してもらえないのかな？　と悩んでいるきみ。「主語」がない話し方がくせになっているかもしれないよ。

意識して最初に主語をつけて話すトレーニングをしてみよう。

主語をつけて①

あら
おかえり……
プン
プン

マサオくん
なんか
プンプンだ
!!
どうしたの?
何かあったの?

車にひかれた
のに
ほっとこうって
言うんだよ
え!? 誰が
ひかれたの!?

ネズミに
決まってる
ゾ!
なんだ~!
びっくりした~!!
も~

主語をつけて②

やっぱ
そう思う
~?
だよね~

ねー
先生!
なあに?
ネネちゃん

最近
きれいに
なったよね
~!
ええーっ
そう?

KSB48の
マミちゃん
あ…そ…
そうね!
はずかし~!!

説明できるかな？

17

長い説明をするときは先に結論を伝えて、それから話し始めよう

道順や作り方など、長くて少し複雑な説明を人にしたいときは、見通しと目的地などの結論を先に伝えよう。

長い話を頭に浮かぶまま「〜でね、〜でね」とどんどん話してしまうと、相手は「この話はどこに行くのかな？」「聞いていて意味があるのかな？」と不安になる。

話のゴールが見えないと、相手は聞く気をなくしてしまうんだ。

最初に、「公園の場所を説明するね」など、これからなんの説明をするのかをはっきりと伝えよう。

それから、「学校から3分くらいだよ」と、時間の見通しを伝えてから説明するといい。

何か説明したいときはまず、結論を最初に伝えよう。

そうすると上手に説明もできるし、聞いてもらいやすいよ。

名前を先に言って

マサオくん家の近くに
そば屋があんだけど
うん

そこの少し手前の犬がいる家のわきの道に入ってくと右に公園があるの
ほーほー

その公園に佐藤健が来てたよロケで
!

どこの公園!? もう一回説明しなさい!!
え~めんどくさ~い
あんたの話し方のがめんどくさいわ!!

ゴールがわかれば待てるゾ

サトーココノカドー
母ちゃんまだ~!? 早くう~

もうちょっとがまんしなさい!!
オラもう待てない~!!
バタ
バタ

うるさいわね!! おケイおばさんのお見舞いに持ってく品を選んでるのに!!
えっ そうなの?

おばさん抹茶が好きって言ってた
そうだっけ? じゃコレ
最初に説明すればいいのね

説明できるかな？

18

自分の話に優先順位をつけて大事な順に話してみよう

みんなの前で話をしていたら、話が長くなって、何を言いたいのかよくわからなくなっちゃった、なんてことはない？

大事な順に「1番、2番、3番」と話に番号をつけよう。「話したいことは3つあります」と言って大事な順に話せば、聞いている人もわかりやすい。「優先順位」をつけて話すんだ。

「水泳を習ってよかったことの1番目は友だちができたことです。2番目は風邪を引かなくなったことです」

頭の中に浮かんだことの中で、自分は何を一番伝えたいかを考えよう。そして大事な順に番号をつけておく。頭の中もきちんと整理できるよ。

これができるようになると、クラスのみんなの前で説明するのがとてもうまくなる。作文も上手に書けるようになるよ。

一番てなんだ？

秋田のおじいちゃん家で何が一番楽しかった？
ん～とクワガタとりが最高!!

あと河原で花火見れたのもおもしろかった
ヒュ～～～…

んでじいちゃんの頭が花火で照らされたのが一番おもしろかった
ピカー

で？どれが一番おもしろかったの？
全部!!

大事な順番は？

う～頭痛いたまらん…

しんちゃん頭痛薬買って来てよ
え～っ!?
チョコビも買っていいから

おおっ!!行く行く!!
あと食パンと卵も買って来て!

30分後
買ってきた～♪
一番どうでもいい物を～

19

「ヤバイ」ですませずに別の言葉で説明しよう

「ヤバくない？」「まじヤバイ」

かわいい子ネコを見たときに、友だちとそんな会話をして盛り上がることがある。

でも、そのヤバイって、いったいどういうことかな？

「かわいい！」なのかな？「かわいそう！」なのかな？ふたりの思っていることが違うかもしれないよ。

できるだけ「ヤバイ」を使わずに、どんなふうに思ったのかを別の言葉で表現して伝えてみよう。

うまく伝えられないときには、「○○みたいに」「○○○のような」というたとえを使うといろんなことを説明できるよ。

「ぬいぐるみみたいにかわいいよね」

「捨てネコみたいにやせてるね」

「ヤバイ」ですませないで、できるだけどういうことかを説明してみよう。

意味が違う

さっきのネコ ヤバかった ねー!
うん! 超 ヤバかった
!

ねぇ そのネコ どこ!?
そこの コンビニの わきだゾ

フーーッ
ひいっ ……!!

ぜんぜん かわいく ないじゃん
うそつきー!!
ボクら かわいい なんて 言った?

たとえてみよう

よしなが先生の 赤ちゃん ほっぺが ヤバかった
ヤバかったじゃなくて もっと詳しく説明して

超ウルトラ スーパー デラックス ヤバかった!
強調する言葉 ばっかじゃわからん

「～みたいに ～だった」と 他の物に たとえてみたら
ほうほう なるほど

母ちゃんの おしりみたいに タプタプ してたよ
そうそう わかりやすい
ちょっと イヤだけど

20 「別に」「わかんない」はやめてひとつだけ報告しよう

「今日の社会科見学どうだった？」「わかんない」「楽しかった？」「別に」説明するのはめんどうくさいし、楽しかったか楽しくなかったかなんて決められない。でも、いいかげんに答えていると、お母さんも機嫌が悪くなるし、自分もイヤな気持ちになる。

お母さんの質問に全部答える必要はない。でも、「わかんない」や「別に」はやめよう。今日のできごとをひとつだけ思い出して報告しようよ。

今日は何があった？ 何が楽しかった？ 今日のトップニュースは何かな？ ひとつでいいから思い出そう。「工場で作ってるジュース、しぼりたてでおいしかったよ」

言ってみると、けっこう楽しかったなと思える。これは、記憶にも残る。

お母さんに話したことは、自分の頭の中の日記になるよ。

「何でもいい」は危険

ぶおー
あち～
夕ご飯
どうしよ…

サラッと食べられる
そうめんか…元気が
出るスタミナ系か…
しんちゃん
何がいい？

オラ何でも
いい～
ムカッ

何でも
いいん
でしょ

おたがいさま

おかえりー
たぴおかー
「た」しか合って
ないじゃない！

明日の運動会の練習
どうだった？
別に～
オラ
昼寝する

ねー明日
晴れるかな？
さあね
……

ちゃんと
答えなさい
!!
自分に
言いなさい!!

説明できるかな？

21 ほしいものをお願いするときは「理由」「いつ使うか」を伝える

大きな水筒を買ってもらいたいとき、なんて言う？「ねえ、水筒買って」とねだっただけでは、「今使ってるのがあるじゃないの」と言われてしまう。

買ってもらいたい物があるときは、自分はなぜそれが欲しいのか、いつ使う予定なのか、しっかり考えてみよう。そして、理由を説明しよう。

「新しい水筒がほしいんだよ。理由は、今使っているのが小さすぎるから。いつも足りなくて、○○くんにもらっているんだ。夏の野球の練習でぜったいに必要だから、買ってください」

そうきちんと説明できたら、家の人も納得してくれるはず。

ほしいものがあったら、

①なぜ、どんな理由でほしいのか

②いつ、どんなときに使う予定なのか

このふたつを伝えることがポイントだよ。

自転車

シャーーー…
ほおお……

チリ
チリ

えーっ 自転車が ほしい!?

三輪車が あるじゃない!
だって~ 三輪車だと 遅いし 疲れるし…
いい運動に なるわよ

自転車のほうが 遠くに行けるし!
幼稚園児がそんな 遠くに行く必要 ないでしょうに

小学生になったら 買ってあげる!
そんなに 待てない ~!!
わがまま 言わないの!

そうゆうわけだシロ がんばるゾ
アン!

キコキコキコ…
トコトコトコ
やっぱり 遅い……

つづく→

シャーッ
シャーッ
これなら
まだ
マシか

30分後
ハア
ハア
ハア…

ぴたっ
うおっ!?
ピンッ
ガクッ

まだまだ先だゾ シロ!
クゥ〜ン…
疲れちゃったの?

シャー
しっかりつかまっててね シロ

となりの町
このへんのはず…

!
アン!!

シャーッ
シャーッ
メグちゃん!! おねいさーん!!
アン
アン!
アン!
えっ
しんちゃん!?

遠い所わざわざメグに会いに来てくれたのね！
ご苦労さまごくろうしました〜
ふう〜
おねいさんいつこっちに戻ってくるの？
んーおばあちゃんの具合が悪いうちはムリかな…

カア
カア…

しんちゃーん!!
シロの散歩でどこまで行ったのかしら…

ブロロロロ…
母ちゃん！
!?

ブルルル…
ただいまーぼどーふ
!!

送っていただいてすみませーん!!
犬と三輪車まで…
いえいえ!! わざわざメグに会いに来てくれたんですもの…

シロのために自転車がほしかったの？
そうだゾ
そう言ってくれれば考えたのに…

その後自転車を買ってもらったしんちゃんですが……
シロのためにガンバレ！
ヨロ
ヨロ

22 会話はキャッチボール 関係あることをつなげて言おう

みんながプロ野球の話をしていたから、自分も割り込んでアメリカのメジャーリーグの話を始めた。そしたらみんなつまらない顔……。そんなことってないかな？

自分が得意でよく知っていることを話すのは気分がいいことだけれど、みんなが話したい話題から離れたことを言い出してしまうと、会話が続かなくなるんだ。

会話はキャッチボールみたいなもの。いくらカッコよく投げても、相手が受けられないボールを投げたら、キャッチボールにならないよね。

友だちがわからない話題を話さない。友だちの話に関係あること、みんなが理解できる話をつなげて言おう。

そして、自分が話をしたら、相手にも話してもらうこと。キャッチボールだから、順番だよ。

話題を変えないで

パパがアフリカで撮った動画いろいろすごいのが写っててさ
へーっ
どんな?

まん丸のカエルでピーッって鳴くやつとか…
ピー
かわいい
!!

そういえばアクション仮面にすごい声の敵いたよね
え?

あれこわかったよね〜! 声がグエエって……
ちょっと待て!!
↖つづく

↙つづき
アフリカの話がまだ途中なんだけど…
あっ! まだ続いてたの
?

パパのほうにサイが近づいて来たことがあってね……
えっ!? こわい!!
で?

サイと言えばサイボーグマンて映画知ってる?
あっ! それボク見たいんだ

オラ見に行くんだ〜
えー!! いいなー
ボクも行こうかな〜アハハハハ
もうやけくそ

23

「〇〇らしいよ」は危険な言い方
事実と、想像・意見を混ぜて話さない

「〇〇くん、背が高いでしょ、お父さんはアメリカ人らしいよ」

それは誰に聞いたこと？　本当のことかな？　本人に確かめた？　〇〇くんの背の高いのは事実だけど、お父さんのことは噂だよね？

気楽な気持ちでおしゃべりしているつもりかもしれない。でも、うっかり事実と噂や想像を混ぜて人に話してしまうのは、とても危険なことなんだ。

事実なら、自分が見たことなのか、誰が言っていたことかをはっきりさせるべき。きみが思っただけのことなら、「これは想像だけど」と、きみの気持ち、意見として伝えようね。

事実でないことを人にしゃべって間違った情報を広めることは、やってはいけないことだと肝に銘じよう。

情報を伝えるときには、責任を持ってきちんと伝えよう。

本人に確かめよう

春日部駅
あっ

よしなが先生が
夫以外の
男の人と…
カシャッ
不倫だわ！

次の日
えっ
よしなが
先生が
不倫!?
これが
証拠写真
よ！

ショックだ
……
子どもも
いるのに…
タタッ
↑つづく

↓つづき
ねーねー
よしなが先生
フリンしてるの？
ええ!?
まさか!!
なんで!?

ああ昨日駅で
いっしょにいた人
!?
弟よ！
赤ちゃん
見に家に
来てたの
なんだ
ー！

…だって
ええっ!?
なんだ～
よかった
そういえば
顔が似てる

ダメだよ
憶測で噂
流しちゃ
!!
ゴメーン
まずは
本人に
確認だゾ

説明できるかな？

24

遠慮せず反対意見を言おう 自分と違う意見を歓迎しよう

学級委員会での話し合い。みんな賛成と手を上げたけど、ぼくは本当は反対……というときがある。

反対意見って、言いにくいよね。でも問題点や疑問点があるのに目をつぶって賛成するのはよくないよ。「ぼくは違う考えだ」と思ったのなら、その気持ちを大事にしよう。

いきなり反対するのではなく、いい考えの部分は認めて、どの部分に対して違うと思うのかを伝えよう。

たしかにそうだな、と気がつく人もいるかもしれないよ。

「じゃあどうしたらいいんだよ」「別のアイデア出せよ」と言う人もいるけど、そういう人は話し合いをめんどうがっているだけ。落ち着いてきみの意見を聞いてもらおう。

何かへんだな、と思うのには必ず理由がある。反対意見を歓迎しよう！

もっといい案のため

ダメダメ それじゃ運動会に間に合わないよ!
♪ ♫

しかたないから給食のすぐ後も練習するよ
!

先生…ボク…食べてすぐ踊るとおなか痛くなるんですが…
え?

早く食べればいいじゃん
わがまま言わないで先生の言うこと聞こうよ
わがまま…?
↖つづく

↙つづき
ハーイ! オラも反対!
!?

いつも一番最後まで食べてるユミちゃん↓
どうしても早く食べられない子もいるゾ

みんなの言うことももっともね
じゃ明日の午前中にしましょう
!

風間くんも無理なときは言っていいのよ
ありがとー しんちゃん!
へ~~!

25

会話は勝ち負けじゃない 相手の意見を聞いて受け入れよう

誰だって、自分の意見と違う意見を言われたら、腹が立つもの。

でも、議論をしているときに相手の人格を攻撃したり、相手が意見を言えないように追い詰めるのは暴力と同じだよ。「論破」して言い負かすなんて会話じゃない。

会話のゴールは勝ち負けじゃない。相手の意見を受け入れたら負け、というわけではないんだ。

「たしかに」「なるほど」「○○はそうかもしれないね」そんなふうに、まずは相手の意見を聞こう。

納得できた部分は受け入れて、自分の意見を変えられるようになろう。

これは、違う意見を取り込んでパワーアップしたということなんだ！

互いの意見の納得できるところを取り入れて、一番いい結論を作っていこう。

相手を追いつめない

痛あ〜い!!
わ〜ん
!
マサオくんどうしたの?
ロッカーの角に小指ぶつけたの

なんだ血も出てないし…大げさね〜
でも…痛かったんだもん

だいたいマサオくんは弱すぎるのよ! もっと強くなって!!
そんなこと言われても……

努力するの!! じゃなきゃ この厳しい世の中生きていけないわよ!?
でもそんなに急に強くなれないよ〜

ネネだって昔はよく泣いたのよ マサオくんだって強くなれるわよ!
「昔」って… そりゃ赤ちゃんはみんな泣くでしょ!

言い訳しないでよさっきから!!
ええっ!? 言い訳!?
ガーン

努力したくないからって言い訳してるでしょ!!
ずるい人ね!!
うう……

↑つづく

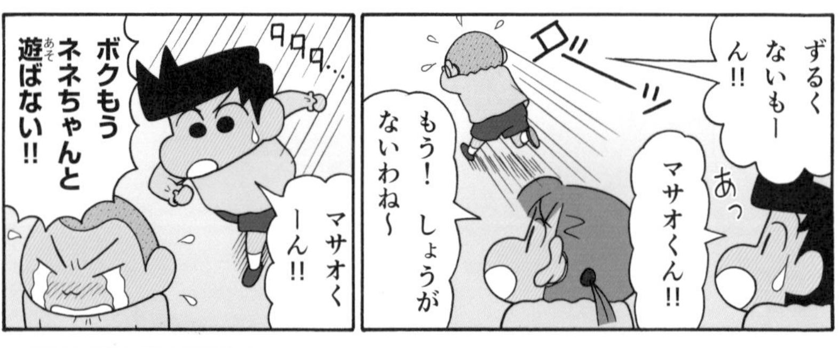
ずるくないも—ん!!
ダ———ッ
あっ
マサオくん!!
もう! しょうがないわね〜
タタタ…
ボクもうネネちゃんと遊ばない!!
マサオく—ん!!

えっ…でも防衛隊は?
ネネちゃんがいるならボクぬける!!

まずい……!!
マサオくん脱退の危機だ……!

ネネちゃんさっきのは言いすぎだよ!
え!?

マサオくんもうネネちゃんと遊びたくないって
え—っ!? 本当に弱虫なんだから

弱虫じゃなかったらマサオくんじゃないよ
はっきり言うわね

弱虫のマサオくんに「弱い!」って言って責めるのはいいこと?
そうよ!

それって弱い者いじめじゃない?
ギクッ
え!?

だってマサオくんが泣くとイライラするんだもん!!
ボクはイライラしないよ!ボーちゃんもしんのすけも

ネネちゃんはすぐイライラしないよう努力しなきゃダメ!
え〜っ!?

そんなこと言われても簡単にできない!!
でしょ!?

マサオくんだって同じだよ
……わかったわよ

マサオくーん!さっきはごめん…

いろいろ言いすぎたわずるいなんて言ってごめんね
ううん
ボクもなるべく泣かないようがんばるから…

がしっ
ふ〜…
脱退をくい止めた…

そして
わ〜ん クツがぬれちゃった〜
う〜…
イライラ…
ネネちゃんがまんがまん!

26

クラスメートと仲よくなりたい！その気持ち、どうやって伝える？

気になる人と友だちになりたいとき、自分から「仲よくしたい」ということを言うのって、なんとなく恥ずかしい。

でも、思い切って「仲よくしよう！」「友だちになって！」と言ってしまおう。相手はびっくりするかもしれないけど、いやな気持ちはしないはず。きっと「いいよ」という返事が返ってくる。

そんな勇気がないなら、先に気が合うことを確認しておこう。

休み時間に、その子の近くに行って、「この筆箱かわいいよね！」とか、「絵うまいね」と、「いいな」と思うところを言ってみよう。すこしずつ会話ができるはず。

いっぱい会話ができて、別れるときに「じゃあまた明日ね、バイバイ！」と言えたらオッケー。もうすっかりふたりは友だちだよ。

照れ屋のふたり

知ってる？ ばら組のヨシオくんもまんが描くのうまいって！
ホント⁉ 会ってみたい‼

…でもどう話しかければ……？

ネネちゃんヨシオくんに紹介してよ～！
え～ネネだって友だちじゃないもん！

あ！ お手紙書くのはどう？ 絵もそえて
それはいい‼
↖つづく

↙つづき
あ…あのヨシオくんこれ読んで

！
ぼくもまんがかいてるよ
なかよくしよう
ひまわりぐみ
まさお

次の日
マサオくん…これ…

わあっ
いままでかいたものみたいな
こんどみせてね
ばらぐみ
よしお
友だちができました

27 「くやしい！」「ショック！」自分の感情を言葉で表現してみよう

みんなで遊んでいてゲームで負けたり、からかわれたりして頭にきたとき。「うるせえバーカ！」とキレてしまったり、むくれて黙って帰ったりしていないかな。

腹が立ったとき、なにも我慢してニコニコしている必要はない。腹が立った気持ちはかくさずに相手に言っていいんだ。

「あ〜、くやしい〜っ！」

と言葉にしてみよう。悔しい感情やムカっときた感情は、その場で上手に出してしまおう。

「何その絵。ヘタクソ〜」と笑われたら、うるせえバーカではなく、「ムカッ」「ガーン！」「ショック！」と自分の気持ちを口に出して言ってみよう。

自分の気持ちはどんなかな？　言葉で表現して出してしまうと、不思議なくらい、すっきりするものなんだ。

キレずに返そう

明日テスト
なんだ
アイハブ
アペン
ふーん
大変ね

あいちゃんは
いいわよね
お金持ち
だから努力
しなくても
将来安泰
なんでしょ
……

…その言い方は
私に対して失礼なん
じゃないかしら？
うっ……
ドキッ

ゴ…
ゴメン…
冷静に反論されると
言い返せないわ…

人に当たらない

ハッ
ネネちゃん
最下位だね

やば…

前に怒って
帰っちゃった
こと
あるしな
……

ムキムキー
プンプーン!!

アハハハハ…
なにソレー!!
すっきり
した…！
上手に怒ると
その場がなごむよ

28 仲よくしたいのにちょっかいを出してしまう

遊んでほしいのに、上手に話しかけることができなくて、いきなりパンチやキックをしたりしている人。ちょっと気恥ずかしいからなんだよね。気持ちはわかるけど、調子に乗りすぎだよ。

まず、友だちの気持ちを理解することから始めようよ。

話しかけるときには、友だちの表情を読み取ることが大切なんだ。今、友だちがどんな気持ちでいるのかを想像してみよう。

友だちの表情がちゃんと読めるようになれば、いきなりパンチをする必要なんかなくなる。

友だちがしょんぼりしていたら、静かにそばに行こう。友だちが楽しそうな顔なら、自分も同じような笑顔で近づいてみよう。

ほら、もうそれで「元気？」「遊ぼうよ」という会話になっているよ。

どうしたら好かれる？

パーン
よっ
オニギリ！
いたっ

なんでサホちゃんに
オニギリって言われ
なきゃいけないの？
いたいし
え？
えっと
……

あ！
あいちゃ
ーん!!
ぴゅうっ

なんであいちゃんは
男の子とも仲が
いいんだろう？
まず
いきなり
たたかない
しね……
↖つづく

↙つづき
それに相手の
いいところを見つけて
ほめるのが上手
なのよ
なるほど…

いいところを見つけて
ほめる…か

わあピカチューだ！
うまいね～
え？　あ
ありがとう

他のポチモンも
描ける？
描けるよ！
何がいい？
たたくよりほめよう

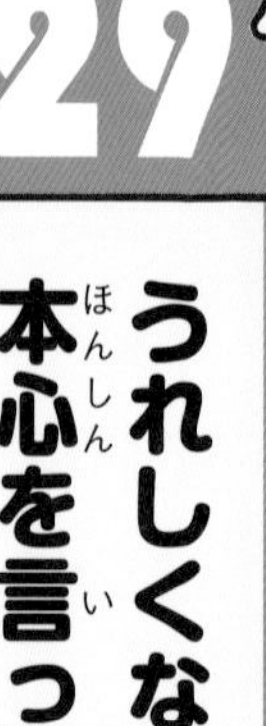
29

うれしくないプレゼント 本心を言っていいのかな？

おじいちゃんにプレゼントをもらった。でも、これ、あんまり欲しくないやつだ……。そんなときってある。

それでもきみなら、「ありがとう、うれしいよ」と言うはずだよね。

自分の気持ちに正直にという考え方もあるけれど、もっと大事なことは、「大好きなおじいちゃんの気持ちがうれしい。おじいちゃんをがっかりさせることは言いたくない」っていうきみの思いやりの気持ち。

ほしいものじゃなかったことは確かだけど、それはほんの小さなこと。「ありがとう」の気持ちの方が大きいよね。

言葉を伝えるときには、本音を言わないほうがいいときがある。

そのときの一瞬の気持ち、本心を口に出す前に。きみが相手に一番伝えたいことを思い出すようにしよう。

秋田のじいちゃん

しんのすけー
ホレおみやげ
おおっ
ありがとー

うえっ…!!
なにコレ…
よいこの
さんすう
ドリル
コラッ
!!

ありがとうでしょ!? あんたのために買ってくれたのよ!?
あ…ありがとじいちゃん…

やーいだまされただ♪
本物はこっちだべ!
アクション
仮面
ぬりえ
ありがとー
じいちゃん

九州のじいちゃん

九州のおじいちゃんからプレゼントよ
オラに!?
ほほーい
やったー!!
♪

ハクション仮面
プラモデル
うっ!
これ
ニセモノ…

じいちゃん
プレゼント
ありがとー
ワッハッハッハッ
いやいや
どげんも
なか～!

さあて来年も何か
送っちゃろうかの～
♪
お父さん
たら…
次の年は本物が
送られてきたという

30 手紙、電子メールなどのメッセージに汚い言葉や悪口を書かない

手紙や電子メール、チャットなど、文字だけのメッセージには注意しよう。ニコニコ笑い顔で「バカ」と言ったら、ふざけてるとわかる。けれど、もらった手紙に「バカ」と書いてあったら、とっても傷つく。

文字を読んだ人は、書いてある言葉以上に受け取ってしまうものなんだ。だから、手紙や電子メールのメッセージには汚い言葉や悪いことを書かないこと。

しかも、書いたものは長く残る。自分は忘れても、相手は何度も読み返すことができる。もしかしたら、ほかの誰かに読まれてしまうかもしれない。

一度書いたものは取り消すことができないよ！　何度も読んで確認して、責任を持てる言葉で送ろう。

何度読み返しても楽しい、愉快なメッセージを送ろうね。

ハガキでやりとり①

マサオくんから暑中見舞い来たー♪
しょちゅうおみまいもうしあげます
まさお
おやすみちゅうもあいたいなー

すぐお返事書いちゃいなさいよー
ほーい

くれしば
しんのすけ
なんか冷たい…
あんまり遊びたくないのかな……

夏休み明け
あんなふうに書かれたら遊びに行きづらいよ～
あんなふうって？オラいつも通りなのに…

ハガキでやりとり②

マサオくんに書いたついでに風間くんにも書こーっと

しょっちゅうちゅーあげます
チュー
しょーもないなあ あいかわらず…フフ

しょちゅうおみまいもうしあげます
いいかげんにしろ！
ひいっ 風間くん怒ってる!?

夏休みあけ
何ビクビクしてんだよしんのすけ？
風間くんまだ怒ってる？

31 仲よしの友だちに文句を言いたい でも嫌われたくない…

友だちに大事な消しゴムを貸したら、なくされてしまった。「ゴメンね」とは言ってくれたけど……。相手は平気だけど、自分は泣きたいほど悲しかったりするときってあるよね。

そんなことで文句を言うなんて心が小さいし、友だちに嫌われちゃうかもしれないと思う。でも、きみはすごく悲しいいし、怒ってもいるんだよね。

そんなときは、自分の気持ちを言っていい。悲しいなら泣いてもいいんだ。

「すごく気に入っていて、とても大事な物だったんだよ。なくされちゃって、私は困ってるし、悲しいんだよ」

友だちを責めず、自分の気持ちだけをストレートに伝えよう。

反省して、真剣に探してあやまってくれるはずだよ。なくなった物が見つからなくても、友だちがきみの気持ちを知ることは大事なことなんだ。

ボーちゃんの気持ち

しんちゃんさっき貸したえんぴつ返して
えんぴつ……?
おお!!

お?
ゴソ
ゴソ
ゴソ
お?
お?

ゴメ〜ン!なくしちゃった
……

見つけたら返すゾ!
わかった
↖つづく

↙つづき
一時間後
ボーちゃんサッカーやろー!!

うおっ!?
どうしたの!?

あのえんぴつ…おばあちゃんに買ってもらった大事な物……
そ…そうだったの本当にゴメンね…

オラのバカバカ!!
ポカ
ポカ
もう二度となくさないゾ
えんぴつは後でぶじ見つかりました

32 病気でつらそうなおばあちゃんなんて言ってあげたらいい？

病気になったおばあちゃんに、どんな言葉をかけよう？　むずかしいよね。「早く元気になって」「がんばって」とはげましたい。でも、がんばりたくてもがんばれないのが病気というものなんだ。よけいに悲しい気持ちにさせてしまうことがあるから気をつけよう。

でも何も話せないとあきらめないで。自分が今読んでいておもしろい本を読んであげてもいいし、「ここにいるよ」とそばにいるだけでもいい。

やさしく肩をさすってあげて、「おばあちゃん、つらいんだね。痛いのかな」と、つらい気持ちを少しでも想像してあげることができたら、きっときみの思いが伝わるはず。

おばあちゃんは体調が悪くてふきげんになることもあるかもしれない。「向こうに行くね」と、その場をはなれたほうがいいときもあるよ。

病気のおばあちゃん

九州のみさえの実家
母さん具合どう？
今日はまだマシたい
ひろしさんひとりでよかと？
へーきへーき！

みさえ～ようきてくれたばい
まさえ姉ちゃんお疲れさん！私ら一カ月はおるけんね
おばあちゃん病気だから大事にしてね
ほい
たい

よっしゃ！応援するぞひま!!
たい!!
ガンバレガンバレおばーちゃーん!!
たーやーあいあい
ポコ
ポコ
……

つねー
コラ!!ちょっとおいで！
なんれ……？
おばあちゃんはもうじゅうぶんがんばってるの！これ以上がんばれって言われたらつらくなっちゃうのよ
ほーほー
たい

つづく→

じゃオラ
何すれば
いいの？
子どもは
何もせんで
よか！

…と言われても
手持ちブタさんだゾ
おばあちゃんに
聞こーっと

おばあちゃん　何か
してほしいことある？
何もなか
おばあちゃん寝る
けん向こう行って

しょぼ〜ん
何の役にもたてな
いのってつらいゾ…

病院へ行く日
じゃ父さん夕方
までしんのすけを
お願いね
わかった

しんちゃん
おじいちゃんの言う
ことよく聞くのよ！
ほい

やれやれ
こいつの
めんどう
見るのか
こっちの
セリフたい

家の中で
おとなしく
遊んどれよ
じゃオラ
お絵かき
してよっと

ねぇ富士山て
こんな感じ？
ん？

クレヨン貸してみぃ
もっとこう……

おお!!
ぽい! ぽい!

夕方

ただいま〜!

ガラガラ

おかわり〜

おかえりでしょ!

ああ疲れた…
横になりたか〜

あっ

これは…!?

おばあちゃん寝てばっかだからいろんな景色見せてあげようと思っておじいちゃんと描いたんだゾ
コホン

ありがとう!
やさしかね〜

よっ! 兄ちゃん
気がきくね〜 えらいね〜
えっへん
!!

たいへんな時期は過ぎ
元気でな〜!
またね〜!
その後おばあちゃんはぶじ回復したそうです

33

「疲れた」「どうせ私は」が口癖のきみ 誰かに本当の気持ちを話してみよう

ふと気づくと「疲れた」とか「どうせ私は」と口から出てしまうきみ。でも、それはきみの本当の気持ちかな？

本当は、違うよね。「私のことも認めて」「悲しいよ」「さびしいよ」「助けて」って訴えたいんだ。

気づいてほしくて、「疲れた」「どうせ私は」と言ってみても、誰もきみの気持ちをわかってはくれない。そのうちに自分の本当の気持ちがわからなくなってしまうよ。

自分は何が悲しいのかな。さびしいとき、どうしたい？　自分の気持ちを打ち消さないで出してみよう。

本当の気持ち、言っていいんだよ。家族でも、友だちでも学校の先生でも誰でもいい。うまく言えないなら、気持ちをノートに書いてみてもいい。

誰か、聞いてくれる人に、本当の気持ちを話してみよう。

がまんしすぎないで

今日塾休みたいな…
何か疲れちゃって…
子どもなのに
何言ってんの!

大人はもっと疲れるのよ! 元気にいってらっしゃい!
ハイ…
行って
きます…

あ!
おーい風間くーん!!
とぼとぼ…

また塾? 疲れない?
うるさいな!!
つづく

つづき
そりゃ疲れるさ!
…でも
行かないと…
!
じわ…

行こう!
風間くん
ええっ!?
どこへ!?

今日は休んじゃえ!
ごゆっくり
だいじょうぶかなぁ…

風間くんのママに説明して今日はお休みになったのだった
そういうわけで……
泣くほど疲れてたなんて…
ええ今日は休ませます

34

相手に不満をぶつけるのではなく自分の希望を伝えよう

〇〇ちゃんはそうじのとき、いつも一番先にモップを取っちゃう。私だってモップをやりたいのに、ずるい。

そういうときは、黙ってがまんしたり、とつぜんキレて相手に怒ったりするのではなく、先に自分の希望を伝えよう。

「私も、モップをやりたいんだ。だって一度もモップをしたことがないんだもん」「これからは順番制にしようよ」など、〇〇ちゃんが納得するような条件を考えて提案してみよう。

「ムリ！」なんて言われても、一回であきらめないで。

〇〇ちゃんがいつものようにモップを手にしてしまった後だと、ゆずりにくいはず。そんなときは、そうじが終わってから、「明日は代わってくれない？」と言ってみてはどうかな？　コツは相手を責めないこと。

そうじの時間

オラ モップ～♪
さっ
ガーン
ああっ また…

ずるいよ しんちゃん ばっか モップで!!
おおっ!?

いきなり キレられ ても……
ずっと がまん してたん だもん!!
まあ まあ…

一日交代で みんなで 回していく のは？
それが いい!!
↑つづく

↓つづき
しんちゃん は？
おーけー ふろおーけー からおーけー

次の日
♪～
わーい♪ 今日は ボクがモップだ

あっ
今日はボクが モップなのに!!

シロだゾ
まぎらわ しいな!!
…ってなんで 連れて来てんの!?

35 苦手なこと、気にしている体のこと 相手がいやがることは、話さない

友だちとうまくいかないきみ、もしかしたら、相手がいやがる話をつい平気でしてしまっていない？

きみは走るのが速くて、運動会の話が大好きだけど、友だちは走るのは苦手で、運動会のことは思いだしたくないかもしれない。自分が楽しいならなんでも話していいわけじゃない。人がいやがる話題もある。

自分だって話したくないことがあるはず。相手の立場に立ってどんな気持ちになるか想像しよう。

勉強やスポーツなどその人が苦手なこと、気にしている体のこと、悩んでいる家族のことなどは、話題にしないよう気をつけよう。

人がいやがっていることをわざと言うのはいじめと同じ。友だちにやることじゃないよ。

友だちがいやがる話題は話さない！

悪気はないのに

この八方美人!!
ガミガミ娘!!

次の日
ネネちゃんかぜでお休みね
えっ…

ネネちゃんのお見舞いに参りました
まあ! わざわざありがとう

ネネ! あいちゃんがお見舞いに来てくれたわよ!
えっ本当!?
↖つづく

↙つづき
ネネちゃんお大事になさって
これシェフに作らせたゼリー
あ… ありがとう

かわいいお宅ですわうちのジョン(犬)の小屋みたい
カチン

ご両親はお留守?メイドさんにはお会いしましたけど
もう帰って!!

また次の日
どうして仲直りできないのかしら……?
ぷいっ

36

相手の存在を否定する言葉はどんなときでも絶対に使わない

ちょっとイライラしただけで、「消えろ！」「死ね」「キモイ！」などという言葉を返している人。今すぐにやめよう。大人が使っていても、まねしちゃいけない。

「死ね」「殺す」「キモイ」などという言葉は、どんな場合も決して人に投げてはいけない言葉だよ。

これらは、相手の存在を否定し、脅しをかける暴力言葉だからなんだ。

言われた人の気持ちを考えたことがある？　相手が本当に死んでしまったらどうする？　軽い気持ちで言っているとしたら、とんでもないことだよ。

社会には、絶対に人を殺してはいけないというルールがある。それと同じように、相手の存在を否定する言葉は絶対に言ってはいけないんだよ。

これは社会で生きていくためのルールなんだ。

はじめてのショック

ブリブリ！
ブリブリ！
……
……

やだ～なに？あの子
キモーい

すっ…
しんのすけだいじょうぶか

しくしくしく…
オラもうおしり出せない……
気の毒だけどそれがいいよ…
でも翌日また出した

さああやまろう

ひとしくんそうじサボっちゃダメだろ!!!
うっせー風間殺すぞ!!

そんなこと言うとママに言うぞ!?
勝手に言えば～
へ～んだ

その夜
ひとし！おまえ何したの!?
へ？何のこと？

「あやまらないと脅迫罪で訴える」って！
ええ～っ!?
風間くんのママは法律に詳しかった

すぐに使える！ こんなセリフ

否定を避けて受け入れる あいづち言葉

友だちの意見に同意できないときも、いきなり否定しない。まずはこんな言葉を返して、一度友だちの話を受け入れてみようよ。

へえ～

そう来るか！

そうとも言う

ほほー

そうかも

なるほどね

悪くないよ

わかるよ

それでそれで？

否定はしないよ

一理ある

それもありね

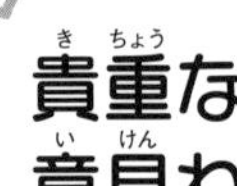

へえ 知らなかった

ふ～ん

貴重な意見ね

あらあら

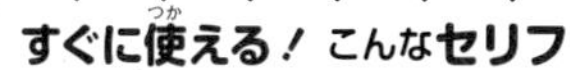
すぐに使える！ こんなセリフ

あやまる言葉

心から言いたい あやまる言葉

友だちとケンカしたとき。自分が悪いとわかっているなら、自分からあやまろう。勇気を出して、心をこめてあやまろう。

ひどいこと
言って
ごめん

クゥーン
（ごめんなさい）

本当に
ごめんなさい！

これから
気をつけるね

そんなに
傷つけると
思ってなかった
んだ

二度と
しないよ

すまん

反省して
るんだ

もう
しない

私が
いけなかった
の…

いやな思いを
させてごめん
なさい

ぼくの
ほうこそ
ごめん

申し訳
ない

昨日は
悪かったよ

許してもらえるか
わからないけど

37 断るときは言いわけを考えすぎない「ごめんね」「ありがとう」と言おう

「今日遊びに行ってもいい？」と聞かれた。気が進まない。断りたいけど、友だちが気を悪くするかな……。

はっきりした理由がないときは、友だちの誘いを断りにくいもの。でも、「ごめんね、今日はちょっとダメなんだ」と言ってもだいじょうぶだよ。

「お母さんと買い物に行くから」なんて、うそをついたりしないこと。理由をはっきり言う必要はないよ。

断るときは、つい、よけいな言いわけをしたり、穴埋めをする口約束をしがち。でも結局、後で自分が困ることが多いんだ。

断るときは、とにかく誠実に断ろう。「ごめんね」と言って、断ることだけをしよう。

「ごめんね」の後「ありがとう」と、誘ってくれたことへの感謝の気持ちを言葉にして伝えよう。

理由は言わなくていい

じゃ
ボーちゃん
帰ったら
遊ぼー!

あ…今日は
ちょっと…
後で石を
磨きたい…

なんで?
なんでも

なんでも
って?
ゴメンね
また
こんど
ウン…
わかった

ドツボにはまる

今日は帰ったら
まんが描こーっと…
フフッ

マサオくん後で
遊びに行っていい?
え?

え~と…ゴメン
ママとサトーココノカ
ドー行くから…
いーなー
!! オラも
行く!!
え!?

あっ!
まちがえた
えーと
えーと…
ウソつくと
自分が困るよ

38

いじわるやいやがらせには真剣な顔で「やめて」と言おう

友だちがふざけて僕を蹴ってくる。私がいやがっているのにしつこくあだ名で呼んでくる。そんなときは、はっきり「やめて」と言おう。

黙ってがまんしていてはいけない。自分がいやなことは、はっきりいやと相手に伝えなければいけないんだ。

相手は、君がいやがっているなんて思ってもいなかった、なんていうこともよくあるんだ。

感情的に言い返すと、その言い方によっては相手がもっとからかってくることがある。

「やめて」とできるだけ冷静な声と真剣な表情で伝えよう。

きみが本気で怒っていることが伝われば、相手もおもしろくないから行動をやめるはず。

それでも伝わらないときには、きみが一番信頼している大人に相談しよう。

冷静に伝えよう

マサオくんチンチン大きいね
見ないでよ〜！

よーし今日からマサオくんのことをデカチンて呼ぼう！
はずかしいからやめてー!!

なんで？自慢できるゾ
ふるふる…

本当にやめて
ほい…
そんなにイヤなのか

大人も傷つく

組長！
組長先生！
私は園長ですってば〜

その後
幼稚園の連絡帳は
ほい！

園長先生のことを
「組長」と呼ばせない
ようお願いします。
とても傷ついています
園長
…しんのすけちょっと！

次の日
みんなも書いてあったんだ…
うん
これからは気をつけよう…
文字で書いても真剣さが伝わるよ

39

ケンカの仲直りは自分から 自分が話しかけて仲直りしよう

友だちとケンカしてしまった。でも、仲直りしたい、ケンカする前に戻りたいと思うのだったら、じっと待っていてはいけないよ。

まずは自分から動くこと。

勇気を出して、自分から声をかけてみよう。きみの行動力が、友だちの心を動かすよ。

友だちが本当に怒ってしまったときには、まじめな表情で、「ごめんね」と、心からあやまろう。「私のやったこと、ごめんなさい。許してくれるまで待っているからね」と伝えよう。

相手が返事をしてくれないときには少し時間をおいてみよう。

大切なのは、仲直りしたいというきみの気持ちを、ちゃんと伝えておくこと。そうすれば、少し時間がたてば、自然に仲直りできるものなんだ。

防衛隊解散の危機

わあっ
よく集めたね！ボーちゃん
星型の石かわい〜♡
ウンコの形かわい〜♡

ボクのも見て！
「おっちょこちょいチョコ」のおまけフィギュア!!
こっちもすごい！
わ〜っ
「木から落ちる猿」リアル〜！
よくできてるでしょ！

ボクのはボーちゃんのと違ってお金かかってるし
カチン
悪気はない→
ボクだって電車賃とか！何より労力がかかってる!!
親のスネかじって買った物なんかと違う！
カチン

おっ親のスネなんかかじってない!!
おこづかいためて買ったんだい!!

ボク帰る
!!
ボクも気分悪い
待ってよふたりとも
!!

つづく←

おお…カスカベ防衛隊解散のキキ…!
そんなのいやー!!
縁起でもないこと言うなよ!!

まあ時間がたてば仲直りするさ…
そうよね!私たちの絆は深いもの…

次の日
つーん
……
つーん

やっぱり解散…
スマップ解散いらいのショック!?
いや～っ!!

ミーン
ミーン

しんちゃんクワガタつかまえた!!
おお!!

まだボーちゃんと仲直りしてないの?
うん…

あ

ハート型の石だ……

今一瞬ボーちゃんに見せたいなって思ったでしょ
ギクッ

本当は仲直りしたいんじゃない?
うん…
なら自分からあやまっちゃえば?
えー!ボクが悪かったっていうの?
オラから見たらどっちもどっち!
「ボーちゃんのと違ってお金かかってる」とかシツレーだったゾ
どっちもどっちならこっちからゴー!!
……わかったよ
次の日
ボーちゃん!
こないだはゴメンね…
コレクションにかかったお金なんて関係ないのにね
ボクこそ「親のスネかじって」なんて言ってゴメンね
ううん
ガしっ
でめたしでめたし
あ! 仲直りしたの? よかったー!!
たかがコレクションごときでケンカなんてバカバカしいもんね
カチン
ひどい!「たかがコレクションごとき」だって!
行こう! マサオくん
つーん
今度はボクが嫌われちゃった

40

あやまるときは言いわけはしなくていいんだ

休み時間に友だちと遊んでいるときに、教室の窓を割ってしまった。さあ、どうしよう。でもぼくのせい？

何か失敗や間違いがあると、「自分が悪いわけじゃない」という思いが先に立って、知らんぷりしたり、あれこれ心の中で言いわけを考えたりしがち。

でも、そんなときは、言いわけなどせずに、正々堂々とあやまることが一番気持ちがすっきりするんだ。

「遊んでいてガラスを割ってしまいました」と、起こった事実を先生に報告しよう。

「どうしてこうなったの？」と先生は聞いてくれる。どんな状況でこうなったか自分が思ったことを説明しよう。

まずは勇気を出してあやまろう。言いわけなどしなくても、わざとじゃなかったことは後で説明できる。じゅうぶん名誉回復できるよ。

もっと叱られるかと

よっ
ほっ
しんちゃんすごーい!

おととっ…!!
よろ…
どんっ
わっ

あっ
ばりんっ

おまえのせいだぞ
でも落としたのは風間くんだよね
おまえが押すからだ!!
↖つづく

↖つづき
ホラ!あやまってこい
先生~花びん割っちゃった
あら大変

さわっちゃダメよなんで割れたの?
んとオラが風間くんを押してね　でぶつかったの

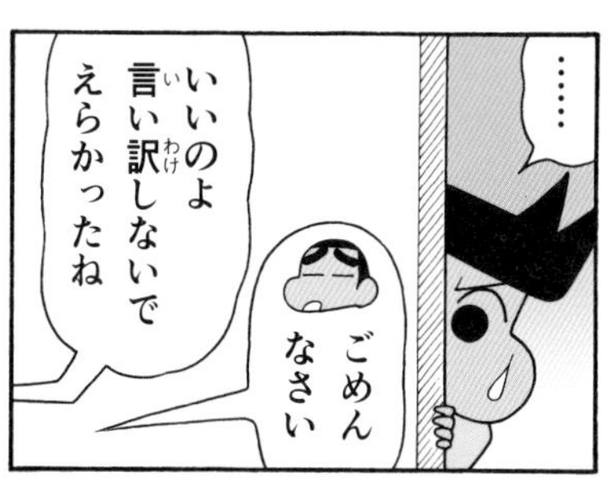
……
ごめんなさい
いいのよ言い訳しないでえらかったね

いっしょにあやまればよかったな…
チェッ…

41

注意や批判をするより「どうしたの?」と声をかけよう

友だちが、誰かのくつを隠そうとしていた。そんなときどうする? いきなり「やめなよ!」と言うと、注意されたほうは腹を立てるもの。そんなときは「どうしたの?」とまず声をかけてみよう。

その場ですぐやめさせることはできなくても、相手に自分のやっていることを考えさせたりできるはず。

○○さんに意地悪されたから、などと理由を話してくれるかもしれない。「それはわかるけど、くつを隠すのはどうなのかな」と言えたらいいね。批判するのではなく、いっしょに問題を考えるつもりで話をしてみよう。

きみがどんなに正しくても、一方的に批判したらうまくいかない。批判するのではなく「いっしょに考えよう、いっしょに行動しよう」と誘う言い方をするといいよ。

逆効果

来週のお話するよー
みんな聞いてー!!
ガヤガヤ
ガヤ

ガヤガヤガヤ
みんな静かにー!!

うるさーい!!
みんな静かにしろよ!!
スクッ

おまえのほうがうるさーい!!
風間くんドンマイ…
ズーン
う〜

質問攻撃

そ〜…

それあいちゃんのくつじゃない? なんでそんなことしてんの?
ギクッ
なんでって…

幼稚園に高級なくつはいてくるから!
高級なくつはダメなの? 決まりあるの?
ないけど…

わかったよもういいわよ! やめるから
なんで? なんでやめるの?
うるさいなー!!

42 持っていないから話す資格がない？楽しく話すことに資格なんてない

友だちみんなで楽しく会話をしていたのに、急に「ニンテンドースイッチ持ってない人は話す資格ないよね」と言われて何も話せなくなってしまった。

もし、そんな言い方をする人がいたら、それはその人がまちがっている。ゲームを持っているかいないかは、話す資格には何の関係もない。ただのいじわるだよ。

負けずに「持ってなくて何が悪いの。話をさせてよ」と言い返していいよ。

ゲーム機だけじゃない。お金、勉強、スポーツ、なんでもそう。物や能力を持っている人も持っていない人も、みんなそのことを話す権利がある。持っていない人は話す資格がないなんて、誰かを黙らせるためのでたらめなんだ。

自分の話を聞いてもらえないのは、いじめや暴力と同じ仕打ち。無視が続くようなら、先生や家族に相談しよう。

風間くんの場合

あっボクも今そこ!
おお!!あの敵強いよねー!!

あー
それって火が通じないってやつ?

そうだけど…風間くんあのソフト持ってないんでしょ?
無理に入って来なくていいよ
!

↖つづく
ゴ……ゴメン…

↙つづき
塾にそんないじわるな子が……
同じゲーム買ってもそんな子はいじわるするわよ

でもトオルちゃん塾にはお勉強しに行ってるんでしょ?
そんな子たちとつき合う必要ないのよ
あ…

お友だちなら幼稚園にいるじゃない!気にしないで!
ママの言う通りだ!気にしてバカみたい

開き直ったら別の友だちができました

43 気づいているのに知らんふりはいじめに加担しているのと同じこと

クラスの人がいじわるをされているのに気づいて、「いじめかもしれない。どうしよう」と不安になったら、知らないふりをしちゃいけない。

すぐに、自分の見たこと、誰が誰に何を言い、何をしていたという事実を、先生や家族など、信頼できる大人に知らせよう。

養護の先生や学童の先生でもいい。こわかったら、自分の名前を入れずに手紙に書いてもいい。

「言いつけた」「ちくった」と言って非難する人がいるけど、そんなおどしに乗っちゃいけない。

いじめがあるのをわかっているのに黙って見過ごすことは、いじめに加担しているのと同じだよ。

いじめをしている人の悪口を言うのではなく、事実を報告すればいい。勇気を出して、誰かに伝えよう。

正義の味方ネネ

おいマサオ 金持って来たか?
う うん…

なんだ こんだけ かよ〜
どうしよう 相手は 小学生だし…

それで ぜんぶだよ〜
そうだ! 忘れない ようメモしとこう

親のサイフ から取って こい!!
え〜っ
サラ サラ…
いじめっ子の特ちょう を…あと何を言って たか……
↖つづく

↙つづき
園長先生 ーっ!!
ガラ ガラ
ハイ何ですか ネネちゃん?

こ…これ 本当ですか!?
△×小の 二年生って 言ってた

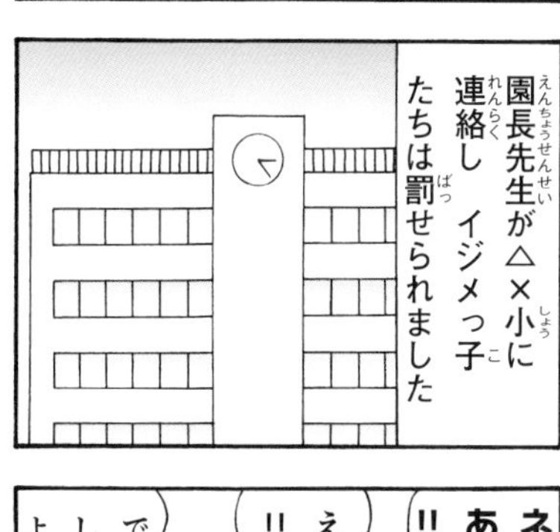
園長先生が△×小に 連絡し イジメっ子 たちは罰せられました

ネネちゃん ありがとう!!
えらいっ!!
できること しただけ よ…!

44

「ひどいよね？」「変だよね？」誰かに「助けて！」を伝えよう

友だちみんなに無視されたとき。先生に相談しても取り合ってもらえなかったとき。家族に暴力をふるわれているとき。そんなときには、悪いのは自分かもと思ってしまい、誰かに相談する勇気がなくなってしまうことがある。

誰にも言うなよ、とおどされていて人に言えないことも多い。でも「誰にも言うな」と言われたときこそ、誰かに助けを求めるべきときなんだ。

家族や担任の先生じゃなくてもいい。周りにいる誰かに、「これって変だよね？」「ひどいよね？」「助けてほしい」と声を出そう。

ひどいことをされ続けていると、自分で冷静に判断することができなくなってしまう。誰に何を言われたか、何をされたかを、日付といっしょにノートに書いておこう。相談するとき、大切な証拠になる。

外の人とつながろう

暑い日はこれに限りますなぁ
コンビニ
おにぎり100エンフェア

おおっ!! 当たった!!
あ

くく…
あ、はずれ

あ、はずれじゃなくてあたり!
おおー!! もう一本食べれる!!

わっはっはっはっは……

じ〜〜…
グ〜
キュ〜
は……

キュルル
グ
クゥ〜
キラ キラ キラ
ダッダメ…!

ガリ ガリ ハグ ハグッ
…そんなに急いで歯にしみない?

おなかすいた…
グ
えーまだ!?

昨日のお昼から食べてないから…
ええっ 何も!?

つづく→

学校が休みで給食ないし…
お家でごはんないの？
オラより年上だったのか！

家くれば？何かあるよ
え…いいの？
ただいまーぼーどうふ

おかえり…えーとどちら様？
グ〜
グーくん？

ううん…マモル…
ほーほーマモルくん
母ちゃんマモルくんに何か食べさせて

丸一日ごはん食べてないんだって
ええっ!?

残り物ばっかでごめんね
ガツガツ

ごちそうさまでした…
ちょっと臭うわね…
ハイハイ
マモルくん最近お風呂入ったのはいつ？

えっと…五日…いや六日前？
やっぱり
ついでにお風呂も入っていきなさいよ！ ね？

あんたもいっしょに入っちゃいなさい
え～べつにいいけど…
えっ　でも…
子どもが遠慮するんじゃないの!

よいではないか♪
ズサッ
ああっ……
!!

マモルくんそのアザどうしたの!?
……

…お家の人にぶたれたの?
……
…ハイ…

よしよしよく言えたね
もうだいじょぶだからね

後のことはまかせて!お風呂入ってきなさい
?
……ほい

その後マモルくんは児童相談所にぶじ保護されました
よく連れて来た!えらいぞ!
よくわかんないけどえっへん!

45 しゃべることが苦手でも黙っていないで会話してみよう

今までしゃべったことのないクラスメートとふたりきり。自分はおしゃべりが得意じゃないし……と、ふたりで黙り込んでしまうことがある。

でも、相手のことを何も知らないなら、何か目についたことを質問してみたらどうかな。

今日の天気や見える風景についてでもいいし、着ている洋服やかばんに付けているキャラクターを、「それなあに？」と聞いてもいい。

「その帽子いいね」

「ありがとう。気に入ってるの」

「そう、気に入ってるんだ」

返事が返ってきたら、相手の言葉をおうむ返しに繰り返してみる。それだけの会話でも、けっこうリラックスできるもの。

ふたりで黙って緊張しているよりずっといいよね。会話はそれで大成功。

おうむ返しでいい

となりの人と手をつないで行くよー
ハーイ
よ…よろしく
ボ

しーーーん
き…気まずい…

い…いい天気だね…
うん いい天気

つまんない話って思われたかな…
はじめて話せた♪
↖つづく

しーーーん
↙つづき
えーと何か話題は…

そだ…好きな給食のおかずは？
酢ダコ

えっ 酢ダコ!?
そう 酢ダコ

「変わってる」って言ったら傷つくかな
ユミちゃんの反応楽しい♪

46 自分の「大好き」をどんどん宣伝しよう

「お菓子作りが好き！」「サッカー観戦大好き」「アイドル〇〇の大ファン」
自分の好きな物は、どんどん口にするといいよ。
誰かが「大好き」と言っていると、それを聞いた人も、わくわくする。
「わぁ、私も」と話がはずむかもしれないし、「よく知らなかったけど、今度見てみるね」と興味を持ってもらえるかもしれない。

ちょっと変わった趣味でも、思い切ってみんなに教えてしまおう。周りに伝われば、みんなきみの趣味を尊重してくれるようになる。君の好きな物の情報を周囲の友だちが教えてくれるようにもなる。
お互いの好きな物を紹介しあえば、世界が広がるよ！
黙っているなんてもったいない。大好きなものを周りに言っていこう。

誰かがわかってくれる

あたしKSB48がすきー!
ワイワイ
あたしはハンジャニ∞ー!!

いいなーみんな自分の好きなものを堂々と言えて…

「アリが大好き」なんて言ったら絶対バカにされる!
いないかなー…

ねぇユミちゃんもしかしてアリ好き?
えっ!?
←つづく

←つづき
な…なんでわかったの!?
よく下見てるから
石かアリかなって

…変な趣味だと思う?
思わない
ボクも石が好きだから気持ちわかる

ときどきアリの巣も見つけるよ今度見たら教えるね
ホント?ありがとう

私もいい石見つけたら教えるね!!
うん
「好き」は友を呼ぶ

47

ゆっくり、短い言葉でだいじょうぶ 自分の話し方で伝えよう

みんなの前で話すとき、しどろもどろになってしまったり、頭の中が真っ白になって何を話すか忘れてしまったり。

そんな経験をすると、しゃべることに苦手意識を持つようになり、話すのが怖くなってしまうことがある。

それなら、できるだけしゃべるスピードを落としてみよう。そして、なるべく短い言葉で話すようにしよう。

ゆっくり、言葉を区切って、ひとつずつ話そう。たくさんしゃべる必要はない。言葉数が少なくても、じゅうぶん気持ちは伝えられるよ。

絵を描いたり、文章や歌にしたり、楽器を演奏するなど、なにか得意なことがあったら、言葉以外で自分の感情・気持ちを表現してみるのもいい。

伝え方は人それぞれ。自分の話し方で話そう。

リズムを変えてみよう

アクション仮面の敵で誰が好き? オラ鬼ハンペン!!
ボク スケルトン教授!

コウタくんは?
えっ
あっ ボッボッ ボク ボクは…
……

パッ
ドンドンドン
オラが好きなの鬼ハンペン!
ドンドンドン
パッ
キミが好きなのは何だい?

ドンドン
パッ
ゲジラ ゲジラ ゲジラが好きさ
ドンドン
パッ
オラも好きだよ カッコイイ
ふたりともすごーい!

相性がいいふたり

でね母ちゃんったらその絵を捨てちゃったんだゾ!
ゴミかとおもって
えー!

でねオラが怒ったら「あっゴメーン」だって!
軽い…

オラの気も知らずに…ホントに母ちゃんはひどいゾ
コク
それはひどい

ボーちゃんてじっと聞いてくれるから大好き!
いっぱいしゃべってくれる人っておちつく…

48

仲よくなりたいのにくだけた表現ができない

親しくなりたいけど、相手にタメ口がきけない人。話し方が丁寧すぎたり、用心深くて無口だったりして、堅苦しい印象になってしまう人はいないかな。本心がわかりにくくて不審に思われて敬遠されてしまったら残念だよね。

誰にでも平気でタメ口で話せる性格の人もいるけど、慣れていない人にとってはむずかしかったりするんだ。

そんなときは、相手の目を見てにこにこ笑うことから始めてみよう。身振り手振りに親しみをこめよう。気持ちを伝えられればだいじょうぶ。

うまく話せなかったかもしれないな、と思ったら、別れるとき、大きく手を振ってみよう。

「さようなら」と元気に手を振ることができれば、話し方がぎこちなくても、フレンドリーな気持ちがじゅうぶん伝わるよ。

自分の話し方でいい

今週のお花係
はじめまして

あたしはメグミ！あなたはえーと
「あい」ですわ

そんなていねいにしゃべらなくていいよ
ふつうにしゃべって

「ふつう」って何ですの？
↖つづく

↙つづき
ここはお水あげた？あいちゃん
あいちゃん？

……
ぷるぷる…
え!?

ぶはっ
しゃべり方がわからなくて……
あ!! いいよもう今まで通りで…

よかった!! このままでいいんですのね!?
う…うん…
ハアッ ハアッ
おもしろい子……

49 ペットにも言葉をかけよう もっともっと仲よくなれる

もし、家で飼っている犬がいたら、毎日毎日、「かわいいね、大好きだよ」と言葉を声に出して伝えよう。

犬は言葉をしゃべってくれない。でも、しっぽを振って、目をみつめ、ペロペロとなめてくれて、返事を返してくれる。

動物だから言葉がわからないなんて、そんなことはないよ。

言葉をかけながらペットをかわいがると、自分もとても幸せな気持ちになってくる。これは、きみとペットとの「会話」なんだ。

おなかがすいたかな？　具合が悪い？　怒ってるんだね。ペットとの会話ができると、お世話もうまくできるようになる。

生き物好きな人がペットに触れるところを見てごらん。みんな動物との会話がとっても上手だよ。

シロは相棒

シロっ
わたあめ!
くるんっ

イロハオエ〜♪
フリフリ
すげえ
……

なんでそんなに言うこと聞くんだ?
本当にシロと仲よしなんだねぇ

いつもたくさんおしゃべりしてるからだよねー シロ!
アン!

しゃべれないだけ

シローおさんぽ…
カララ…
アン!

…にはまだ行かな〜い
ピシャッ
ウ〜…

シロは言葉わかるのよ! イジワルしないの!!
コツッ
てっ

やっぱおさんぽ行くよ〜
アン!
アン!
カラララッ

50

「いいね！」「よくやった！」と毎日自分に伝えよう

友だちのいいところを見つけてほめるのが上手なきみ。自分のことも、いいところを見つけてほめてあげよう。

鏡を見て、いいところをさがして、「この髪型いいね！」「鼻の形がいい！」と言ってみよう。

そうじが終わったら「私ってえらい！　よくやった」と自分をねぎらってあげよう。

ちょっとでも自分っていいなと思ったら、遠慮なんかいらない。思いっきり自分に「いいね！」「やるね！」と伝えてあげよう。

声に出すのが恥ずかしいなら、紙に書いておいて、読み返すのもいいね。

そりゃ誰かにほめられたら最高だけど、そんなにいつもいつもほめてもらえるわけじゃない。だから、毎日、自分で自分をほめてあげようよ。

ちょっとしたことでいい

今日もカワイイね あたし♪

あの子に自分から声かけちゃった
ボク意外と勇気あるなぁ…

うーん今日もいい回転！
ブルーン

…昨日のテスト失敗しちゃった……
つづく

つづき
勉強できないボクなんてダメダメだ
そんなことないゾ

しんのすけ……
風間くんすごいゾ！

たとえばどんなところが？
いつもハンカチ持ってるとことか

ほらね！ホントしっかりしてるよ風間くん
ありがとー
まあね～フフ…

キャラクター原作　臼井儀人（うすいよしと）

まんが　高田ミレイ
文　戸塚美奈
構成　有木舎
デザイン　武田崇廣・内藤大暉（三晃印刷）
編集　二之宮隆（双葉社）

先生は教えてくれない！
クレヨンしんちゃんの自分の気持ちを伝えよう！

2020年3月22日　第1刷発行
2024年11月25日　第14刷発行

発行者——島野 浩二

発行所——株式会社双葉社

〒162-8540　東京都新宿区東五軒町3-28
電話03(5261)4818〔営業〕
03(5261)4869〔編集〕
http://www.futabasha.co.jp/
（双葉社の書籍・コミック・ムックが買えます）

印刷所——三晃印刷株式会社

製本所——株式会社若林製本工場

ISBN978-4-575-31538-7　C8076